Commentaire

Par Natacha Cerf

Les Essais

Montaigne

lePetitPhilosophe.fr

MONTAIGNE

ÉCRIVAIN ET PHILOSOPHE FRANÇAIS DE LA RENAISSANCE

- **Né en 1533 au château de Montaigne (Périgord)**
- **Décédé en 1592 au château de Montaigne**
- **Son œuvre principale : Les *Essais* (1580-1588)**

Michel Eyquem de Montaigne est **un écrivain, philosophe et homme politique français de la Renaissance**. Il s'implique dans la vie politique de son pays, notamment en tant que conseiller à la Cour des aides de Périgueux et surtout comme maire de Bordeaux. Mais le penseur **aspire essentiellement à la lecture et à l'écriture**. Ainsi, il se lance dans la **rédaction des *Essais***, un monument de la littérature française qui compile ses expériences, pensées et considérations sur le monde.

Montaigne est également **un humaniste** dont la recherche essentielle est celle de la sagesse par-delà les jugements moraux, politiques et religieux.

LES *ESSAIS*

L'ŒUVRE DE TOUTE UNE VIE

Les *Essais*, dont la première édition date de **1580**, est **l'œuvre principale de Montaigne** : il l'a rédigée tout au long de son existence. Le philosophe y aborde **bon nombre de sujets**, comme la médecine, la nature ou le savoir-vivre, et y mêle des **réflexions sur lui-même et sur l'homme en général**.

L'introspection à laquelle il se livre a pour but la découverte de la réalité de la condition humaine : pour saisir ce qu'est l'homme, il observe chez lui comme chez les autres les choses de la vie, les plus humbles, les plus quotidiennes et les plus banales.

MISE EN CONTEXTE

L'HUMANISME DE LA RENAISSANCE

Montaigne s'inscrit dans l'humanisme de la Renaissance. Il s'agit d'un **mouvement intellectuel né dans l'Italie du XIVe siècle** ayant ensuite gagné le reste de l'Europe aux XVe et XVIe siècles. Il **s'est propagé grâce aux progrès de l'imprimerie et à l'exode de nombreux savants grecs** réfugiés en Italie à la suite de la conquête de la ville de Constantinople par les Turcs en 1453.

La présence de ces savants grecs en Italie suscite l'envie des humanistes de **se procurer les textes anciens originaux** et non leurs traductions latines annotées de toute une série de gloses et de commentaires. Ils souhaitent pouvoir **comprendre et interpréter par eux-mêmes le message des Anciens**. Ce retour aux sources antiques et cette mise en avant de l'esprit critique sont deux des plus grandes caractéristiques de l'humanisme. Les lettrés de l'époque veulent également, dans le même esprit, lire la Bible dans sa version d'origine et sans aucun intermédiaire.

À cette entreprise est associée l'idée que **les études littéraires rendent plus digne d'être un homme**. Il s'agit donc de **se perfectionner en tant qu'être humain** et en même temps de s'émerveiller de la grandeur de certains d'entre eux, notamment des auteurs antiques et de figures telles que celle du philosophe Socrate (470-399 av. J.-C.). Le monde ancien est gorgé d'exemples d'héroïsme contrairement à l'époque où vit Montaigne. La liberté, la justice et la prospérité de la République romaine attirent donc beaucoup le philosophe.

Les humanistes, voulant se rapprocher le plus possible de leurs modèles, accordent une **grande importance à l'éducation**, qui peut rendre l'homme meilleur : on ne nait pas homme, on le devient. Cela passe par un grand appétit de connaissance alimenté par le **cosmopolitisme**. Ainsi, l'éducation passe par la fréquentation du monde et se situe hors de soi-même.

LA COMPOSITION ET LA STRUCTURE DES *ESSAIS*

Les *Essais* sont répartis en trois livres. Dans cette œuvre, Montaigne a pour dessein de **mieux se connaitre** en exerçant son jugement sur plusieurs sujets. L'**enchainement sans structure** de ces **sujets très variés** fait que l'œuvre n'a rien d'une synthèse ordonnée.

Le **livre 1** et le **livre 2** ont été publiés ensemble en **1580** :

- le premier comprend des **réflexions philosophiques** autour de la mort, de l'amitié, de l'éducation ou de la solitude, ainsi que quelques **observations historiques et militaires** ;
- quant au second, il est davantage **centré sur l'auteur** : il y parle de ses gouts littéraires, de sa volonté de se peindre et de son point de vue sur des thèmes comme le suicide, la relation entre les parents et les enfants, la cruauté ou la maladie.

Le **livre 3** est paru en **1588** et se centre sur des **réflexions politiques**. Montaigne y expose aussi sa philosophie, qui est de **suivre la nature**.

Les **principaux thèmes** des *Essais* sont les suivants :

- l'exercice de son esprit critique ;
- la condamnation de tout type de violence (chasse, guerre, torture, etc.) ;
- l'éducation et les voyages : le but est non pas d'accumuler les connaissances, mais de former le jugement. Voyager permet d'éprouver la diversité ;
- l'ouverture à l'autre : Montaigne s'intéresse à chacun, aux tribus lointaines tout comme à ses proches (amour, amitié, conversation) ;
- le corps et la maladie : malade lui-même, Montaigne connait la souffrance et les liens d'influence entre le corps et la raison. Il fait de la santé le souverain Bien ;
- la vieillesse et la mort. Le philosophe voulait affronter la mort, mais finit par l'accepter comme partie intégrante de la vie ;
- la philosophie, la morale et la religion. L'expérience est préférable aux pensées abstraites.

L'essai est un **genre littéraire créé par Montaigne**. Il a pour but d'**exercer son jugement** qui puise dans divers sujets des questionnements auxquels il faut répondre, mais ceci se passe sans déduction de certitudes. En d'autres termes, c'est un commentaire personnel sur un ou plusieurs thèmes choisi(s). Mais si le « moi » occupe la première place, l'essai n'est **pas une autobiographie**, puisqu'il relève du domaine de la connaissance et non du récit de vie.

EXPLICATION ET ANALYSE DU TEXTE

LE PROJET DES *ESSAIS*

Un autoportrait

Les *Essais* de Montaigne ont pour but la connaissance de soi. L'auteur s'y peint sans artifice et avec naturel afin que ses proches, après sa mort, puissent l'y retrouver tel qu'ils l'ont connu. Il dresse de lui un **portrait physique, intellectuel et moral**. Mais la description physique prend moins d'importance que la compilation de ses expériences, de ses lectures et de ses rencontres avec les hommes.

Montaigne n'a certainement **pas pour but de se glorifier, de se défendre ou de se poser en moralisateur, mais il reconnait l'aspect orgueilleux de son entreprise** : il est forcément souvent le seul personnage mis en scène et lorsqu'il ne s'agit pas de décrire ses activités et ce qui lui est arrivé, il exprime ses opinions et sa propre sensibilité. Il n'éprouve cependant pas pour autant de complaisance à se regarder. En effet, Montaigne **n'hésite pas à se critiquer** et à informer le lecteur de ses défauts. De plus, il **ne dit rien des honneurs** et des récompenses qu'il a reçus pendant sa vie, ni des actions humanitaires qu'il a menées, ni même des témoignages d'affection et de confiance qu'il a reçus. C'est la sagesse, la vie en paix avec soi que l'auteur recherche, et non l'exaltation de lui-même.

Une peinture de l'homme

En somme, l'écriture est un moyen de se connaitre et

Montaigne ne vise qu'à se découvrir lui-même. Cependant, cette tentative dépasse le biographique puisqu'elle a également pour projet la peinture de l'homme en général : le philosophe se considère comme un échantillon de l'humanité. Cette connaissance de la condition humaine passe par la **description des faits humains dans leur ensemble**, des mœurs, des coutumes, des paroles et des dires des hommes. C'est dans le détail du quotidien plus que dans les grandes réalisations que l'on peut en savoir long sur l'être humain.

Les effets de son entreprise sur lui-même ont été nombreux : elle l'a aidé à mieux comprendre les autres, à réfléchir sur les problèmes religieux, politiques et sociaux de son époque, à se stabiliser et à se construire.

L'ÉCRITURE DE MONTAIGNE

Un style simple et naturel

L'écriture des *Essais* expérimente les fluctuations de la réflexion, les tours et les détours d'une pensée ouverte, ce qui traduit la diversité du monde et de l'homme, et permet de poser un regard différent sur les choses.

L'écriture de Montaigne se caractérise par sa **simplicité**. Le projet du philosophe exclut toute rhétorique : **le langage se doit d'être naïf et naturel** pour rester proche du moi et ne pas défigurer la pensée par des ornements. Il ne s'agit pas d'un exercice de style, mais d'un exercice de réflexion.

Cependant, **le choix des mots est tout de même important** dans la traduction des idées. Ainsi, **le style sert la pensée** et non l'inverse. De même, Montaigne adapte le rythme de la phrase à son contenu, usant d'une expression naturelle si l'idée à traduire est simple, d'une écriture incisive lorsqu'il s'agit par exemple d'imiter Sénèque (4 av. J.-C.-65 apr. J.-C.) ou de longueurs interrompues par des incises pour exprimer les sinuosités d'une pensée.

Des figures de style bien choisies

Le philosophe recourt pourtant à quelques figures de style qui lui permettent de nuancer son propos :

- **des antithèses**, qui consistent à rapprocher deux idées opposées dans un même énoncé en vue de mettre en valeur leur contraste : « Le plus vieil et mieux connu mal est toujours plus supportable que le mal récent et inexpérimenté » (livre 3, chapitre 9), « C'est assez de s'enfariner le visage sans s'enfariner la poitrine » (livre 3, chapitre 10), « Ils laissent là les choses, et s'amusent à traiter des causes » (livre 3, chapitre 11) ;
- **des comparaisons et des métaphores**. La comparaison établit un rapport d'analogie entre deux idées ou deux objets : « Le vice laisse, comme un ulcère en la chair, une repentance en l'âme. » (livre 3, chapitre 2) La métaphore se différencie de la comparaison en ce qu'elle n'a pas de terme comparatif, elle désigne un objet ou une idée par un mot qui convient pour un autre objet ou une autre idée : « C'est le déjeuner d'un petit ver que le cœur et la vie d'un grand et triomphant empereur. » (livre 2, chapitre 12) ;
- **l'ironie**, qui consiste à dire le contraire de ce que l'on pense. Dans le chapitre 6 du livre 3, Montaigne ironise la

prétendue supériorité des Européens sur les Indiens.

Enfin, puisque le but du philosophe est non pas de convaincre, mais de chercher à **faire réfléchir son lecteur**, il recourt :

- à des exemples, des anecdotes et des observations qui contredisent ou soutiennent des idées ;
- à la récurrence. Plusieurs sujets traités sont récurrents et apparaissent dans différents chapitres. Montaigne peut par exemple développer un thème du point de vue de la justice, puis plus loin du point de vue de la morale ;
- au plaidoyer. Il plaide entre autres contre Raymond Sebond ou en faveur des cannibales.

UN JUGEMENT CRITIQUE

Montaigne a souvent été considéré comme frileux face aux changements et aux innovations, mais en réalité, il lui arrive de **soumettre l'ordre établi à la critique**.

La démystification des grands

Selon le penseur, il faut distinguer la fonction de prince de l'homme en tant que tel, car **les grands ne sont pas des êtres constitués différemment des autres hommes et peuvent très bien être médiocres**. D'ailleurs, souvent, ces hommes élevés qui se doivent d'exercer les vertus d'humanité, de vérité, de loyauté, de tempérance et de justice ne le font pas, et cela est déplorable. Au lieu de chercher à se faire aimer du peuple, ils veulent se valoriser par le luxe ou s'imposer par la crainte. Lâches, ils exterminent leurs opposants avec cruauté plutôt que de les affronter. Montaigne pense que ces princes sanguinaires devraient prendre exemple sur les rois du Pérou et du Mexique qui sont courageux et aimés de leur peuple.

La critique du droit

Le droit est issu de décisions arbitraires de la part d'hommes faibles et vaniteux. C'est pourquoi il fluctue selon les époques et les coutumes des pays alors qu'il devrait être immuable et fondé en raison.

De plus, Montaigne trouve dommage que les lois soient rédigées dans un **langage obscur et inintelligible** par le peuple qui ne peut donc ni les comprendre ni les respecter. En outre, ce problème de langage autorise des **interprétations souvent contradictoires**.

Le philosophe reproche encore aux lois héritées du droit romain de ne plus convenir à son époque et d'être souvent injustes (comme la torture), et déplore que le droit soit souvent impayable et donc inaccessible à tous.

Le pacifisme et l'anticolonialisme

Montaigne pense que **la guerre n'a d'autre dessein que de tuer**, ce qui prouve notre imbécillité et notre imperfection. Si, chez les Anciens, elle pouvait être preuve de vaillance, elle n'est à son époque que cruauté et ambitions mesquines. Mener une guerre, c'est abandonner la morale.

Il explique également que **les conquérants espagnols et portugais** se sont livrés à d'abominables massacres au nom de la conquête. **Vaniteux, avides et décadents**, ils se sont accordés une puissance absolue toute de brutalité, allant jusqu'à nier l'humanité des Indiens. La colonisation s'est déroulée dans une innommable cruauté : des villes ont été rasées, des nations exterminées, des peuples trahis, menacés et anéantis. Au vu de cela, le penseur s'interroge : des Européens et des indigènes, qui sont les barbares et les sauvages ?

Comme nous l'avons dit ci-dessus, Montaigne s'est pourtant montré **défavorable aux innovations et méfiant à l'égard des réformes** qu'il percevait comme dangereuses. En effet, selon lui, la possibilité de vie en société repose sur l'obéissance à l'ordre établi. Mais il n'est **pas pour autant conservateur** et il n'en fait pas moins une distinction entre le public et le privé : il faut suivre au dehors les lois des princes et au-dedans les siennes propres. Il bénéficie donc en lui-même de toute la liberté de penser et de critiquer ce qu'il juge injuste.

L'IMPORTANCE DE L'ÉDUCATION

Le philosophe énonce des principes pédagogiques fondés sur la croyance commune aux humanistes selon laquelle **l'homme est bon par nature** : l'inclination au mal lui vient d'une mauvaise éducation ou de fréquentations poussant au péché et à la malice. Il faut donc éviter à l'enfant de subir ces influences néfastes et lui permettre de conserver sa nature bonne.

Montaigne s'oppose à l'éducation collective dispensée dans les collèges parce qu'il la juge incapable de former des esprits divers. Il préconise plutôt une **éducation individuelle par un précepteur** attentif à la nature de l'enfant. En outre, le dialogue doit prévaloir sur un enseignement *ex cathedra*.

Les grandes lignes d'une bonne éducation sont les suivantes :

- **exercice du jugement critique**. L'enfant doit être confronté à des connaissances diverses et à des points de vue variés pour pouvoir les comparer et les critiquer. Cela l'amène à douter de certains principes et à en adopter d'autres. En somme, Montaigne s'oppose au savoir par cœur : selon lui, une tête bien faite vaut mieux qu'une tête bien pleine ;
- **exercice du corps**. Le corps doit être endurci pour ne plus craindre ni le froid ni l'obscurité. Ainsi, l'enfant est entrainé à souffrir moins. Dans l'enseignement idéal de Montaigne, le corps est respecté autant que l'esprit puisque les facultés morales et physiques sont liées entre elles. L'épreuve du corps mène à la maitrise des passions et des instincts ;
- **un esprit ouvert**. L'apprentissage se fait moins dans les livres que dans la nature elle-même : il faut apprendre à observer, à raisonner et à comprendre le tout, pour ensuite acquérir une science particulière que l'esprit bien formé se choisit librement. Cela passe par le commerce avec les hommes, par la conversation autant avec les paysans qu'avec les nobles, en somme par le contact avec les choses de la vie dans leur totalité ;
- **les voyages**. Ceux-ci permettent à l'enfant de se confronter à la nouveauté et à l'inconnu. Chose importante, Montaigne s'intéresse aux autres peuples, à leurs cou-

tumes et habitudes de vie en cherchant à les comprendre, non à les juger. Il voit le voyage comme un enrichissement de ses connaissances et non comme une tentative d'assimiler l'autre à soi-même. L'élève doit adopter la même attitude pour devenir tolérant.

La finalité de cette éducation est morale. Elle doit permettre à l'élève de **devenir un être meilleur et plus sage**, apte à reconnaitre et à choisir sa vérité pour être heureux.

LA RELIGION SELON MONTAIGNE

La transcendance divine

Montaigne est en désaccord avec le théologien espagnol Raymond Sebond (mort en 1436) qui propose de mettre la raison, car elle est un don de Dieu, au service de la foi. En effet, **il juge la raison humaine incapable de connaitre Dieu** puisque l'homme est sans commune mesure avec lui.

Selon le philosophe, c'est un sacrilège de penser que Dieu est à l'image de l'homme : **Dieu est transcendant** et ne doit être en rien mêlé à notre corruption et à notre misère. Seuls l'honneur et le respect doivent lui être adressés. De même, **c'est une faute que de chercher à percer ses desseins,** car ils nous restent obscurs. Montaigne cite l'exemple des hommes handicapés considérés par les autres individus comme des êtres imparfaits voire monstrueux alors que Dieu est censé créer avec perfection. Mais peut-être que ces êtres n'ont rien de monstrueux aux yeux de Dieu : il n'y a pas à juger de ses œuvres ni de ses intentions.

Montaigne conçoit donc Dieu comme transcendant, mais n'intervenant pas toujours dans les affaires humaines. Par conséquent, il est peu avisé de la part des hommes de lui adresser des prières emplies de demandes. La foi ne devrait pas être fondée sur les évènements : **Dieu n'est pas la cause de tout ce qui nous arrive** et use plus souvent d'une justice qui nous est inconnue que de son pouvoir. Ainsi, **la foi ne devrait qu'exprimer la reconnaissance de l'homme envers Dieu** qui lui permet de reculer les limites de sa nature faible. En effet, c'est seulement par la grâce divine que l'homme peut s'élever et il faut l'en remercier dans nos prières plutôt que lui adresser nos désirs.

La remise en cause du protestantisme

Seule la grâce de Dieu sauve les hommes qui ne peuvent l'être par leurs actes ou leurs œuvres. Cette dernière idée est **une des remises en cause des dogmes catholiques par la réforme protestante** au XVIe siècle. Martin Luther (1483-1546), un des principaux réformateurs, a traduit la Bible en allemand dans le but de permettre à chacun de la lire et de l'interpréter sans devoir passer par l'autorité du prêtre. Ce libre examen des Écritures aboutit à rejeter certains autres dogmes comme le culte des saints et les sacrements, en dehors du baptême et de la communion. Le protestantisme est donc une religion épurée qui supprime les intermédiaires entre l'homme et Dieu.

Cependant, **Montaigne ne voit pas d'un bon œil la réforme protestante** : il juge **ridicule** de se mêler de ces questions étant donné la faiblesse de l'esprit humain. De plus, il s'agit d'une **démarche pernicieuse** pour la morale et la vie en société. La lutte entre catholiques et protestants tourne bien trop souvent au fanatisme : les uns et les autres devraient faire preuve de modération.

En effet, selon le philosophe, **la modération doit être au cœur de toute action**. C'est elle qui **définit une conduite morale**. Le philosophe insiste sur cette dernière plus que sur le contenu de la croyance puisque le jugement individuel est trop faible et trop inconstant pour en parler. Être modéré, c'est être modeste. À l'inverse, il condamne la dévotion excessive qui cache l'hypocrisie, la haine, l'avarice et l'injustice.

Entre fidéisme et agnosticisme

Montaigne pense que **la religion est un héritage culturel et un phénomène social** qui, en tant que tel, connait la naissance et le déclin. Elle est **due au hasard** qui fait tomber dans l'obéissance à l'une ou l'autre tradition plus qu'à un acte de foi : c'est davantage l'éducation qui fait qu'un homme adopte l'une ou l'autre religion plutôt qu'une révélation.

L'auteur des *Essais*, bien que catholique, prend ses **distances avec le catholicisme sur quelques points**, par exemple :

- il ne parle quasiment pas de la Vierge, des reliques et des miracles ;
- il prend la défense du suicide, condamné par l'Église ;
- il ne croit que peu aux péchés et au repentir ;
- le paradis ou la vie après la résurrection sont pour lui des idées saugrenues.

Cela nous amène à nous interroger sur la foi de Montaigne.

En réalité, sa religion est naturelle. **Il oscille entre** :

- **le fidéisme**, exigeant de fonder la relation à Dieu sur la foi en dehors de la raison ;
- **et l'agnosticisme**, niant le pouvoir de l'homme de s'élever aux notions métaphysiques.

LES RELATIONS HUMAINES

Montaigne jouit de la vie et des rencontres qu'elle amène. Les émotions et les sentiments ont une place importante dans son existence et il cherche le commerce avec les hommes.

L'amour

Le philosophe n'a pas honte de **parler librement de la sexualité**, qu'il juge naturelle, nécessaire et juste. L'amour, pour Montaigne, est surtout volupté et désir forcené. Mais le corps et l'esprit étant liés étroitement, **l'acte sexuel stimule également l'esprit**. C'est pourquoi il juge le langage poétique particulièrement apte à traduire l'amour.

Montaigne n'envisage pas d'amitié intellectuelle avec la femme, sauf exception. Néanmoins, il ne voit aucun inconvénient à laisser sa femme gérer ses terres lorsqu'il part en voyage, ce qui peut être considéré comme la reconnaissance d'une forme d'égalité. Il est donc difficile de définir exactement la pensée de Montaigne sur les rôles et le statut de la femme :

- **tantôt elle est soumise à son corps, capricieuse, pué-**

rile et peu apte à l'éducation ;

- **tantôt elle est faite dans le même moule que les hommes**, égale, mais distincte seulement par les coutumes, et il trouve normal qu'elle se rebelle contre les règles que l'homme cherche à lui imposer.

Par ailleurs, à ses yeux, **le mariage n'est qu'un marché social nécessaire** qu'on conclut pour respecter les usages. Mais il est incompatible avec le désir. Ainsi l'homme et la femme sont toujours séparés par une distance.

L'amitié

Dans l'amitié, en revanche, il n'existe **aucune distance**. Sa relation avec Étienne de La Boétie (1530-1563) le prouve : exceptionnelle, elle n'a jamais faibli. L'avantage de l'amitié sur les autres types de relation est qu'elle est **fondée sur une égalité** qui pourrait être prise pour un modèle de justice dans la société. Elle est **fraternité qui lie librement deux hommes murs et égaux** : Montaigne et La Boétie se sont librement choisis. À la mort de son ami, Montaigne ne vit d'ailleurs plus qu'à demi. C'est pour cette raison qu'il se jette dans l'écriture des *Essais*. Ainsi, La Boétie est au centre de sa vie et de son œuvre.

La vie sociale

Si Montaigne apprécie les relations avec autrui, il n'en est pas moins **critique vis-à-vis de la vie sociale**. En effet, il pense que **celle-ci grouille d'ambition, de concupiscence et de cupidité** : si l'homme se tourne soi-disant vers le bien public plutôt que vers son intérêt personnel, c'est pour tirer du public, via les relations mondaines, un profit personnel.

Dans ce contexte, **il vaut alors mieux prendre gout à la solitude,** car, au sein de la foule, les bons se font rares et les mauvais sont contagieux. Cela ne nous laisse pas le choix : si l'on demeure, soit on devient comme eux, soit on hait trop souvent. Ainsi, le sage fuit la foule pour ne pas devoir en supporter les vices, il cherche à vivre plus tranquillement et plus à son aise.

Mais **se mettre à l'écart du peuple n'est pas suffisant pour anéantir le vice** : changer de place ne règle pas le problème. Ce qu'il faut, c'est travailler en soi-même parce que **la liberté n'est entière que lorsque nous n'avons plus la tête pleine de ce que nous avons laissé**, lorsque nous sommes vidés de tous les vices d'aspiration à la gloire et à la réputation, de tout désir néfaste de volupté ou de richesse. L'isolement de l'âme en elle-même aboutit à la **connaissance véritable de soi** à laquelle aspire Montaigne pour lui-même et pour les autres. Il s'agit de s'observer avec lucidité et non en étant influencé par l'approbation ou les blâmes d'autrui. Cependant, même seul avec soi-même, il est possible de se leurrer sur ses mérites et sa valeur ou de mal gérer sa solitude en éparpillant trop son esprit. C'est pourquoi il est nécessaire de se donner des modèles issus des Anciens et d'en faire des contrôleurs de nos intentions : le respect que l'on a pour eux nous remet sur la bonne voie. **Être en accord avec sa conscience est le seul moyen de vivre tranquillement**.

LA RECHERCHE DE LA SAGESSE

L'impossible vérité

Montaigne a été influencé par le philosophe sceptique Pyrrhon (vers 365-275 av. J.-C.). Il conclut de ses lectures que **l'homme ne peut atteindre la vérité**, notamment parce que **ses sens le jettent sans cesse dans l'illusion**.

La pluralité et la diversité des doctrines philosophiques le démontrent : l'homme semble incapable de fixer définitivement l'essence de la réalité. Seules les apparences lui sont accessibles, or elles sont déformées par ses perceptions sensorielles. L'expérience du bâton qui, plongé dans l'eau, apparait en oblique, est une preuve de l'impossibilité de se fier à ses sens.

Montaigne évoque également **l'influence de l'état de santé** dans l'appréhension des choses : elles ne nous apparaissent pas de la même manière si un problème au corps rend l'humeur renfrognée.

Enfin, **l'imagination joue encore un grand rôle dans la mauvaise perception de ce qui est**.

Ainsi, **l'homme doit se reconnaitre ignorant et instable** : il passe constamment d'un état d'esprit à un autre et change d'idées selon ce que disent les circonstances. Il doit dès lors **se garder des jugements catégoriques**, et prendre conscience du caractère subjectif et provisoire de ses opinions. Ce sont là les prémisses de la sagesse.

Les préceptes du sage

Être sage pour Montaigne consiste à :

- **être modéré**. La modération et la modestie sont essen-tielles. Il s'agit de **se détacher des biens matériels, de limiter ses occupations et de maitriser ses passions**. Cela est nécessaire pour ne pas souffrir des revers de la vie, conquérir le calme intérieur et ne pas perdre le gou-vernement de soi ;
- **être vertueux**. Cela ne signifie pas être glorieux et jouir d'une bonne réputation, car, dans ces domaines, tout n'est qu'interprétation théâtrale. Autrement dit, dans la fonction politique ou sociale, tout n'est qu'illusoire. L'homme réellement vertueux exerce sa sagesse **dans la**

solitude et au quotidien en cherchant, comme Socrate, à se connaitre lui-même ;

- **se fier à la nature**. Quand Montaigne commence la rédaction des Essais, la gravelle (à l'époque, nom donné à la lithiase rénale, soit aux calculs rénaux) le fait beaucoup souffrir et le rapproche de la mort, mais lui permet aussi de découvrir que la douleur permet, par contraste, d'apprécier le plaisir. Il décide donc de ne pas s'en remettre aux médecins, mais de laisser la nature faire son œuvre, considérant qu'elle est **le meilleur guide**. Selon lui, l'homme ne peut trouver le bonheur qu'en étant en harmonie avec lui-même ici-bas, en restant lui-même, en sachant reconnaitre et savourer les plaisirs simples accessibles à tous ; en somme, en vivant selon sa nature et selon la nature. Celle-ci fait d'ailleurs bien les choses puisqu'elle a rendu agréables les actes nécessaires comme manger, dormir, boire ou faire l'amour, et qu'elle est à l'origine des biens les plus précieux.

Votre avis nous intéresse !
Laissez un commentaire sur le site de votre librairie en ligne
et partagez vos coups de cœur sur les réseaux sociaux !

- 23 -

- BOUDOU (Bénédicte), *Les* Essais. Michel de Montaigne, Paris, Hatier, 2001.
- MONTAIGNE (Michel de), *Les* Essais, Paris, Pocket, 1998.

Rendez-vous sur lepetitphilosophe.fr et découvrez :

Plus de 1200 analyses
Claires et synthétiques
Téléchargeables en 30 secondes
À imprimer chez soi

ISBN version numérique : 978-2-8062-4580-9
ISBN version papier : 978-2-8080-0121-2
Dépôt légal : D/2017/12603/505

Conception numérique : Primento,
le partenaire numérique des éditeurs.